RAPPORT

PRÉSENTÉ

A M. LE MAIRE DE CLICHY

Par M. B. SINCHOLLE,

Architecte-Voyer.

EN RÉPONSE

AU MÉMOIRE JUSTIFICATIF

DE LA COMPAGNIE D'EXPLOITATION

DES MINERAIS

DE RIO-TINTO

PARIS

SOCIÉTÉ D'IMPRIMERIE ET LIBRAIRIE ADMINISTRATIVES ET CLASSIQUES

PAUL DUPONT

41, RUE JEAN-JACQUES-ROUSSEAU (HÔTEL DES FERMES)

1883

RAPPORT

PRÉSENTÉ

A M. LE MAIRE DE CLICHY

Par M. B. SINCHOLLE,

Architecte-Voyer.

EN RÉPONSE

AU MÉMOIRE JUSTIFICATIF

DE LA COMPAGNIE D'EXPLOITATION

DES MINERAIS

DE RIO-TINTO

PARIS

SOCIÉTÉ D'IMPRIMERIE ET LIBRAIRIE ADMINISTRATIVES ET CLASSIQUES

PAUL DUPONT

41, RUE JEAN-JACQUES-ROUSSEAU (HÔTEL DES FERMES)

1883

RAPPORT

PRÉSENTÉ

A M. LE MAIRE DE CLICHY

Par M. B. SINCHOLLE,

Architecte-Voyer.

EN RÉPONSE

AU MÉMOIRE JUSTIFICATIF

DE LA COMPAGNIE D'EXPLOITATION

DES MINERAIS

DE RIO-TINTO

PARIS

SOCIÉTÉ D'IMPRIMERIE ET LIBRAIRIE ADMINISTRATIVES ET CLASSIQUES

PAUL DUPONT

41, RUE JEAN-JACQUES-ROUSSEAU (HÔTEL DES FERMES)

1883

A Monsieur DENIÈRE

PRÉSIDENT DU CONSEIL D'ADMINISTRATION
DE LA COMPAGNIE D'EXPLOITATION DES MINERAIS
DE RIO-TINTO

Clichy, le 11 Septembre 1883.

MONSIEUR,

Je me disposais à livrer au public le Rapport qui m'a été demandé et que vous trouverez plus loin, lorsque j'ai eu par hasard communication d'une brochure, sans nom d'auteur, éditée sous le couvert de la Compagnie d'Exploitation des minerais de Rio-Tinto, dont vous êtes le Président, et qui est remplie d'attaques à mon adresse. Ayant donné votre patronage à l'attaque, souffrez que je vous adresse la réponse.

Vous affectez de vous étonner de mon intervention à l'enquête ouverte sur la demande en autorisation de votre usine à Saint-Denis, et vous voudriez, pour les besoins de votre cause, faire croire à je ne sais quel mobile secret et inavoué, à je ne sais quel complot avec vos concurrents.

Je ne m'abaisserai pas, pour les personnes qui me connaissent, à relever l'insinuation; pour les autres, je vous mettrai au défi de citer seulement un fait, une présomption, un indice qui vous permette de faire supposer que j'aie eu une autre préoccupation que celle de l'intérêt général.

Pourquoi ne produisez-vous pas les mêmes accusations contre tous les Conseils municipaux de la vallée de la Seine qui ont pris des délibérations hostiles à votre projet d'usine; contre les 4,000 signataires des protestations; contre le Directeur des Eaux de Marly-Versailles, et enfin contre M. le Gouverneur de Paris, qui a fait opposition à vos projets, dans l'intérêt de la santé des troupes alimentées par les eaux de la Seine?

Qu'y a-t-il en cause?

Il y a, d'une part, une Société d'actionnaires, que vous représentez, qui demande l'autorisation de créer une usine dangereuse, j'ajouterai même exceptionnellement dangereuse. Et il y a, d'autre part, des populations nombreuses qui se voient menacées dans leurs intérêts vitaux, et qui protestent.

Le danger existe-t-il, oui ou non?

J'ai dû, en raison de mes fonctions, étudier la question; j'ai visité l'emplacement que vous aviez choisi, j'ai pris connaissance des pièces que vous aviez versées à l'enquête. Je me suis demandé quelles allaient être les opérations de votre fabrication. Et j'ai pensé, après étude et examen, que l'industrie que vous projetiez, présentait, en raison de ses procédés et de la situation choisie, de très grands dangers. Je l'ai dit, je l'ai écrit. C'était non pas mon droit, mais mon devoir. Mes appréhensions ont été partagées par toutes les populations de la vallée de la Seine. On m'a demandé de faire imprimer le mémoire que j'avais rédigé : avais-je le droit de le refuser?

Voilà, Monsieur, l'explication et l'origine de la brochure qui vous a tant ému et qui a tant excité votre entourage.

Vous m'avez fait répondre en des termes que je n'emprunterai point à ceux qui ont écrit pour vous. Je ne crois avoir de leçons de loyauté de discussion à recevoir de personne, mais assurément pas des pseudo-industriels et pseudo-financiers qui prétendent que le traitement du cuivre par la voie humide est moins dangereux que le traitement par la voie sèche, et qui dénaturent la composition de leurs minerais pour établir que les résidus liquides sont exempts des éléments toxiques.

Je ne répondrai rien de plus à la partie de votre brochure, qui m'est personnelle et qui a cité mon nom jusqu'à vingt-cinq fois. Je ne suivrai pas l'exemple que vous me donnez ; et si vous voulez bien lire les pages qui vont suivre, vous reconnaîtrez dans votre for intérieur que je devais défendre, comme je l'ai fait, l'intérêt de la ville de Clichy et de la vallée de la Seine.

Agréez, Monsieur, etc.

B. SINCHOLLE.

RAPPORT

Monsieur le Maire,

Vous avez bien voulu me charger d'examiner le mémoire justificatif que la *Compagnie d'exploitation des minerais de Rio-Tinto* a cru pouvoir opposer aux protestations soulevées par son projet d'établissement, à Saint-Denis, d'une usine pour la production du cuivre et de l'acide sulfurique.

J'ai l'honneur de résumer dans le présent Rapport les observations qu'une rapide étude de ce mémoire m'a permis de faire.

I

La brochure que j'ai publiée il y a quelques jours a déjà montré les graves inconvénients que présente, suivant moi, la création d'une usine comme celle que projette la Compagnie de Rio-Tinto. Dans ce travail destiné au public, j'ai dû négliger la partie purement technique de la question. Je vais l'aborder ici, en suivant pas à pas la Compagnie demanderesse dans le système de défense qu'elle a adopté.

Son mémoire justificatif, inspiré, assure-t-on, par la science ingénieuse d'un jeune maître de la chimie industrielle, est rédigé avec une habileté incontestable, on pourrait dire même avec trop d'habileté, car il en vient à contenir des affirmations comme celle-ci : Que non seulement les résidus que la nouvelle usine déversera dans la Seine ne sont pas nuisibles... « Mais qu'ils ne représentent que la « centième partie des sels de même nature qu'il « faudrait jeter à la Seine pour assainir les « 200,000 mètres cubes d'eau d'égout que la ville de « Paris seule déverse quotidiennement dans le fleuve « à Asnières. »

En d'autres termes, il faudrait dès à présent se préoccuper de créer, à côté de l'usine de Rio-Tinto, quatre-vingt-dix-neuf autres usines semblables.

L'affirmation a tout lieu de surprendre. Voyons sur quels fondements il a été possible de l'établir.

La Compagnie de Rio-Tinto examine successivement dans son mémoire les diverses opérations auxquelles les pyrites cuivreuses de ses mines de la province de Huelva (Espagne) devront être soumises pour donner d'une part l'acide sulfurique et d'autre part le cuivre.

1° Il y a d'abord le *grillage des pyrites*, qui se fait dans des fours hermétiquement clos, ne permettant, assure la Compagnie, aucune émanation appréciable de gaz sulfureux et aucune de gaz arsénieux.

2° Vient ensuite ou plutôt en même temps *la fabrication de l'acide sulfurique*. Grâce à l'emploi des appareils perfectionnés de Gay-Lussac et de Glover, il n'y aurait non plus ni perte ni dégagement de gaz sulfureux ou nitreux.

3° L'opération préparatoire de l'extraction du cuivre : la *chloruration* (1) exige un nouveau grillage, qui se fait comme le premier en vase clos. La condensation de l'acide chlorhydrique aur alieu, dit la Compagnie, dans les meilleures conditions ; et c'est à peine s'il se dégagera 2 ou 3 kilogrammes de cet acide par heure dans la grande cheminée de l'usine qui le jettera dans l'atmosphère à 60 mètres de hauteur.

4° La *lixiviation* à laquelle est soumise ensuite la masse provenant du grillage chlorurant ne présenterait non plus aucun inconvénient appréciable ; et les eaux résiduaires en provenant ne contiendraient que des produits inoffensifs ou des sels désinfectants.

Les résidus représenteraient, il est vrai, un volume et un poids considérables, environ 4,000 kilogrammes de sels par jour, qui satureraient une quantité plus ou moins grande d'eau ; mais le débit normal du fleuve étant de 4 millions de mètres cubes, l'altération de la masse ne serait pas appréciable.

5° Pour compléter sa défense, la Compagnie déclare enfin qu'il n'y a pas d'inquiétude à concevoir sur la destination finale de l'*arsenic* contenu dans les pyrites. Il resterait en totalité sur le sol de l'usine.

En résumé, l'air ne serait pas vicié d'une manière sensible par les émanations gazeuses de la nouvelle usine ; et quant aux eaux de la Seine, loin d'être altérées, et même empoisonnées, par les déjections de cette usine, comme cela a été dit, elles recevraient,

---

(1) Dans ma brochure j'avais, en l'absence de toute indication fournie par la Compagnie à l'appui de sa demande, supposé que les résidus des pyrites seraient traités par l'acide sulfurique. Le mémoire justificatif nous apprend qu'on emploiera le chlorure de sodium. Ce traitement présente, encore plus de dangers que celui que j'avais indiqué.

au contraire, le bénéfice d'une purification appréciable produite chaque jour par plus de 3,000 kilogrammes de sels antiseptiques.

Telle est la thèse soutenue par la Compagnie de Rio-Tinto dans son mémoire de défense.

Examinons-la.

II

Je dois tout de suite faire remarquer que la Compagnie nous renseigne d'une manière inexacte et incomplète sur la composition des minerais qu'elle se propose de traiter. Les analyses de M. Pattinson, qui font autorité, vont nous fournir les renseignements nécessaires à notre étude. Les voici :

	I	II	III	IV
Soufre	48,00	49,30	49,60	44,60
Fer	40,74	41,14	42,88	38,70
Cuivre	3,42	5,81	2,26	3,80
Plomb	0,82	0,66	0,52	0,58
Zinc	trace	trace	0,10	0,30
Arsenic	0,21	0,31	0,28	0,26
Thallium	trace	trace	trace	trace
Chaux	0,21	0,14	0,18	0,14
Magnésie	0,08	trace	trace	trace
Silice	5,67	2,00	2,94	11,10
Oxygène comme Fe^2O^3	0,09	0,25	0,15	0,23
Humidité	0,91	0,05	0,95	0,17
	100,15	99,95	99,86	99,88

M. Pattinson n'a pas dosé l'argent et l'or contenus en quantités extrèmement faibles dans ces minerais. D'après M. Phillips, les cendres de pyrites de Rio-Tinto contiendraient en moyenne 0,0027 0/0 d'argent et 0,0001 0/0 d'or.

Mais les corps qui doivent spécialement fixer notre attention, au point de vue de l'hygiène et de la santé publiques, sont, dans les analyses ci-dessus : l'arsenic, 0,26 à 0,31 0/0 ; le plomb, 0,52 à 0,82 0/0, et le zinc, 0,10 à 0,30 0/0. Je ne fais que les signaler en passant ; j'y reviendrai plus loin pour montrer que leur rôle est loin d'être inoffensif.

Je veux m'attacher à suivre l'ordre adopté par le mémoire de la Compagnie de Rio-Tinto. Examinons la première opération. celle du grillage des pyrites. Elle est inoffensive, nous assure-t-on, et ne donne lieu à aucune émanation gazeuse appréciable. Cette première affirmation est profondément inexacte. Il n'est pas vrai que tout le soufre contenu dans les pyrites soit transformé en acide sulfurique. Les meilleurs rendements que l'on obtienne dans les usines accusent une perte de 7 à 8 0/0, dont une partie, 3 à 4 0/0, sera, d'après les déclarations de la Compagnie, conservée dans les résidus. Le surplus, soit 4 à 5 0/0, s'échappera dans l'air à l'état d'acide sulfureux. Dans le cas présent, l'évacuation journalière serait supérieure à 900 kilogrammes et donnerait près de 500,000 litres d'acide sulfureux.

C'est, on le voit, et malgré l'affirmation de la Compagnie de Rio-Tinto, une quantité qui est loin d'être négligeable : cela seul constituerait un grand inconvénient, non pas sans doute pour les habitants de Clichy, dont nous devons surtout nous préoccuper et qui sont hors de la portée des dégagements gazeux des usines de Saint-Denis, mais du moins pour les habitants de Saint-Denis.

En outre de la déperdition d'acide sulfureux, la fabrication de l'acide sulfurique donne lieu à un dégagement fort abondant d'acide hypoazotique, qui est pour le moins aussi nuisible que le précédent. Les chimistes savent, en effet, que, malgré tous les perfectionnements connus, la régénération des produits nitreux n'est jamais complète; et que la perte de l'azotate de soude est toujours d'environ cinq parties pour 100 du soufre brûlé. Le bioxyde d'azote qui échappe à la régénération se dégage par la cheminée; et, au contact de l'air, se transforme en acide hypoazotique. Ce dégagement gazeux serait chaque jour de 300 kilogrammes ou 100,000 litres d'acide hypoazotique.

Ce n'est pas tout encore. Dans le grillage chlorurant, la proportion de l'acide chlorhydrique échappant à la condensation serait, non pas de 1 à 2 0/0 comme le prétend la Compagnie dans son mémoire, mais bien de 5 à 6 0/0. A l'appui de cette affirmation, je puis citer ce fait que les ordonnances anglaises de 1861 et 1873, si sévères aux industriels, n'exigent la condensation de ce gaz que jusqu'à

95 0/0. Cette perte équivaudrait à une troisième émanation journalière de 300 kilogrammes ou 200,000 litres d'acide chlorhydrique, qui détruirait aux alentours toute végétation à une distance d'autant plus grande que la cheminée le déverserait à un point plus élevé dans l'atmosphère.

Si l'on additionne les chiffres qui précèdent, on trouve la quantité formidable de 1,500 kilogrammes ou 800,000 litres d'émanations gazeuses journellement répandues dans l'atmosphère, au très grand préjudice de la respiration des êtres et des plantes; et je n'ai pas tenu compte d'un quatrième gaz, celui-là essentiellement délétère, qui sera produit par l'épuration, suivant moi indispensable, de l'acide sulfurique pour en chasser l'arsenic; et j'aurais dû en outre prévoir que, dans le grillage chlorurant, la condensation par l'eau des tours ne sera pas toujours parfaite, et que les chlorures les plus volatils et les plus dangereux, notamment le chlorure d'arsenic, se dégageront directement dans l'atmosphère.

Mais j'en ai dit assez pour montrer que la nouvelle usine de Saint-Denis produira des émanations gazeuses fort inquiétantes. Aux habitants de cette ville et des environs de voir s'ils veulent s'en accommoder. Je ne m'y arrête, quant à moi, pas davantage.

III

On sait que l'emplacement choisi par la Compagnie de Rio-Tinto pour la construction de son usine est situé à quelques centaines de mètres à l'amont de la prise d'eau qui alimente les villes de Saint-Denis, d'Aubervilliers, de Saint-Ouen et de Clichy. C'est en quelque sorte sur l'orifice de cette prise d'eau que la nouvelle usine déversera dans la Seine les résidus plus ou moins liquides de sa fabrication.

La Compagnie nous affirme dans son mémoire justificatif que, non seulement nous n'avons pas à nous inquiéter de ce voisinage, mais que nous aurons au contraire à nous en louer grandement. Elle nous laisse entendre même que, si nous parvenons, par l'aspiration de notre prise d'eau, à entraîner tous les sels précieux pour notre santé qu'elle aura déposés dans le fleuve à notre portée, nos eaux potables, qui laissent tant à désirer aujourd'hui, deviendront excellentes. On pourrait, semble-t-il, prévoir que les communes desservies par les prises inférieures d'Épinay, de Marly et de Maisons-Laffitte viendront nous demander de ne pas prendre tous ces précieux sels antiseptiques et qu'elles nous supplieront de respecter la part qui leur revient légitimement.

Vérifions cependant cette nouvelle allégation de la Compagnie de Rio-Tinto.

Les minerais qu'elle va traiter — j'admets toujours qu'il ne s'agit que de 8,000 tonnes par an, comme le porte la demande d'autorisation, et bien qu'il y ait lieu de prévoir une fabrication plus considérable, — ces minerais, d'après les analyses que je viens de reproduire, renferment 24,000 kilogrammes d'arsenic qui vont donner naissance à 32,000 kilogrammes d'acide arsénieux.

Ils renferment 64,000 kilogrammes de plomb qui se transformeront en 120,000 kilogrammes de sulfate de plomb.

Ils renferment enfin 24,000 kilogrammes de zinc qui produiront 60,000 kilogrammes de sulfate de zinc.

Voilà 212,000 kilogrammes de produits fort inquiétants. Je n'ai à dire ni ce qu'est l'arsenic, ni les dangers qu'il comporte ; le sulfate de zinc, chacun le sait, altère profondément l'organisme : quant au plomb, il suffit d'ouvrir l'un des recueils du comité consultatif d'hygiène pour se convaincre que ce métal et ses composés sont des plus dangereux pour l'économie. Absorbés à doses aussi minimes qu'on le peut supposer, ils ne tardent pas à produire des phénomènes d'intoxication d'autant plus redoutables que le métal semble se combiner d'une façon plus intime avec nos tissus ; à tel point qu'une fois l'organisme saturé, la thérapeutique est impuissante à le guérir.

Que vont devenir, où vont passer ces 212,000 kilogrammes de produits toxiques? La Compagnie affirme qu'ils ne se dégageront pas dans l'air et qu'ils ne seront pas évacués à la Seine. Mais c'est une affirmation qui a tout juste la valeur de celles qu'il m'a déjà été donné de relever.

Les 180,000 kilogrammes de sulfates de plomb et de zinc se trouveront en presque totalité dans les eaux résiduaires et seront forcément entraînés avec elles à la Seine à raison de 420 kilogrammes par jour.

Les 32,000 kilogrammes d'acide arsénieux se répartiront entre les deux opérations de la fabrication de l'acide sulfurique et du cuivre. Après le premier grillage, les pyrites contiendront encore un tiers de ce corps, qui sera éliminé dans l'opération de la cémentation. La Compagnie de Rio-Tinto prétend, il est vrai, qu'il sera précipité à l'état solide et, comme tel, retenu sur le sol de l'usine; mais c'est absolument inexact : nous sommes ici en présence d'une dissolution qui n'a pas cessé d'être acide; et l'arsenic ne sera pas précipité. C'est donc un poids d'environ 12,000 kilogrammes d'acide arsénieux qui va former, avec l'oxyde de fer libre, 26,750 kilogrammes d'arseniate de fer; et sera sous cette forme entrainé avec les eaux de lavage à la Seine.

Quant à l'idée que la Compagnie pourrait, « si elle y avait avantage », évaporer les eaux de ses résidus, et par suite ne pas les déverser à la Seine, c'est, qu'on me permette de le dire, une mauvaise plaisanterie. Il faudrait pour cela dépenser une quantité formidable de charbon; et l'on obtiendrait une boue infecte aussi embarrassante que les eaux résiduaires elles-mêmes.

Ceci m'amène à relever cette autre affirmation de la Compagnie que les deux tiers de l'arsenic initial, recueillis dans les chambres à poussières de l'appareil de fabrication de l'acide sulfurique, seront conservés indéfiniment sur le sol de l'usine.

La vérité est que l'on sera fort embarrassé de ces résidus arsénieux, qui, avec leurs mélanges divers, formeront rapidement 40, puis 100, puis 200 mètres cubes, que les eaux pluviales laveront et entraîneront à la rivière, et que la direction de l'usine elle-même se verra réduite à y pousser pour s'en défaire.

Il n'est pas admissible qu'une usine conserve sur son sol des résidus encombrants, alors surtout que formés de matières toxiques ils offrent un aliment aussi dangereux à l'imprudence des uns et à la malveillance des autres. Elle est condamnée par la force des choses à les évacuer par la voie la plus rapide ; or, ici, la seule voie ouverte est le fleuve : c'est dans le fleuve que tout s'écoulera : aussi bien les 12,000 kilogrammes d'acide arsénieux des eaux de lavages, que les 20,000, kilogrammes d'acide arsénieux des chambres à poussières ; aussi bien les 60,000 kilogrammes de sulfate de zinc, que les 120,000 kilogrammes de sulfate de plomb. Il y aura empoisonnement du fleuve, je n'hésite pas à l'affirmer. Et si, comme on peut le prévoir, la fabrication, au lieu d'être limitée à 8,000 tonnes de minerais, s'élève à 15 ou 20,000, l'empoisonnement sera tel qu'on ne devra maintenir aucune prise d'eau sur les bords de la Seine, à l'aval de Saint-Denis jusqu'à la mer.

IV

La Compagnie de Rio-Tinto présente dans son mémoire de très ingénieux calculs de répartition de ses résidus dans le volume total des eaux du fleuve. Elle montre que chaque litre contiendra à peine quelques molécules de ses résidus. Mais il faudrait admettre un mélange parfait, qui sera peut-être effectué à l'arrivée des eaux à Rouen, bien qu'on ait souvent observé, à l'embouchure même de la Seine, des eaux de nature, et de densités différentes, reconnaissables à leur seule coloration et cheminant l'une à côté de l'autre sans se mélanger. En tout cas, le mélange ne sera effectué ni à la prise d'eau d'Épinay, ni à plus forte raison à celle de Saint-Denis.

420 kilogrammes de sulfates de plomb et de zinc ; 90 à 100 kilogrammes d'acide arsénieux, sans compter 3,000 kilogrammes de sulfates de soude, de sulfates de fer et de chlorure de calcium, qui peuvent être propres à désinfecter des eaux de latrines, mais non pas à assainir les eaux potables; tous ces produits journellement déversés dans la Seine me semblent, malgré les plus ingénieux calculs et les plus séduisantes comparaisons avec les eaux minérales de Ma-

rienbad ou de la Bourboule, présenter de graves et terribles dangers.

On a dit quels effets désastreux les usines qui traitent les pyrites cuivreuses ont produits sur le littoral de Swansea, en Angleterre. Nous avons eu en France, il y a quelques années, une image affaiblie de ces désastres. L'usine dont il s'agit, qui a du reste donné son nom à l'un des procédés de fabrication du cuivre, était établie à Chessy, dans le département du Rhône. L'autorisation avait été, comme toujours, accordée sans difficulté. Cette usine, qui traitait seulement quelques centaines de tonnes par an, déversait-elle dans la rivière des produits aussi salutaires que ceux que nous promet la Compagnie de Rio-Tinto ? Je l'ignore ; mais ce qui ne saurait être contesté, c'est que les riverains surent fort peu en apprécier la valeur et qu'ils ne cessèrent un seul jour de faire entendre les protestations les plus indignées. L'eau de la rivière était devenue impropre à tout usage. La végétation avait disparu des rives. L'administration dut intervenir. Une inspection permanente fut organisée pour surveiller les déjections de l'usine. Les pénalités encourues par celle-ci furent telles qu'elle dut, de guerre lasse, renoncer à sa fabrication. On assure que, longtemps après, les berges de la rivière étaient encore tapissées d'une mousse couleur de rouille ; et que c'est seulement au bout de plusieurs années que la végétation reprit sa vigueur primitive.

V

Il me faut conclure.

J'ai exposé les moyens de défense invoqués par la Compagnie de Rio-Tinto. J'ai montré combien ils étaient peu fondés sur tous les points essentiels.

L'usine projetée présenterait, au point de vue des émanations gazeuses, tous les inconvénients des fabriques d'acide sulfurique de Malétra et de Saint-Gobain existant déjà dans cette ville et à Aubervilliers ; et de plus, elle en offrirait d'autres et de très graves, tenant d'une part à la nature des minerais qu'elle emploierait, et d'autre part au caractère de sa fabrication. Mais ce serait là le moindre danger de cet établissement ; et ce que l'on doit surtout considérer, c'est la menace de l'empoisonnement du fleuve à l'endroit où une population de plus de 150,000 âmes vient puiser les eaux de son alimentation.

La banlieue de Paris et Paris même sont déjà infectés par trop d'usines incommodantes, malsaines et dangereuses. Celui qui pénètre pour la première fois à Saint-Denis se demande comment des êtres humains peuvent respirer et vivre au milieu d'une atmosphère aussi nauséabonde et aussi profondément viciée. Dira-t-on que le mal ne saurait être aggravé ? Je ne pense pas, quant à moi, qu'une telle manière de raisonner soit admissible. Je croirais bien plutôt que le danger est d'autant plus grand, que déjà les éléments de destruction sont plus nombreux. D'ailleurs, il ne s'agit pas seulement de défendre les habitants de Saint-Denis contre leurs propres usines, il s'agit surtout de protéger contre des émanations désagréables et dangereuses la plus grande agglomération d'êtres humains du continent européen, qui est en même temps l'une des premières villes du monde. Cet intérêt doit, à mon avis, primer tous les autres, et surtout les intérêts privés quels qu'ils soient.

Je l'ai dit déjà et je ne saurais me lasser de le répéter, on doit tendre avec la plus grande énergie à restreindre le nombre des établissements insalubres et dangereux dans Paris et autour de Paris. Quelle raison peut-on donner de la présence, au milieu d'une telle agglomération d'habitants, des fabriques de produits chimiques, des fabriques d'engrais, des stéarineries et de dix autres industries malsaines, corruptrices de l'air et des eaux? Quelle est la quantité des gaz dégagés par les fabriques d'acide sulfurique de Saint-Gobain et de Malétra, dont je viens de parler? Quel volume d'eaux résiduaires déversent toutes les industries insalubres, et notamment l'usine Dalsace, dont le déversoir dans la Seine est précisément situé en face de la prise d'eau de Saint-Denis? A-t-on calculé l'influence des gaz délétères ainsi répandus? A-t-on fait l'analyse des résidus liquides déversés dans le fleuve, et s'est-on assuré si déjà ceux que je viens de signaler ne contribuent pas d'une manière fâcheuse à la corruption de nos eaux potables de Clichy, de Saint-Denis et de Saint-Ouen ?

Les propriétaires de ces usines ne cherchent, dans le voisinage de Paris, qu'une seule chose : l'économie des transports et par suite l'accroissement de leurs bénéfices. C'est donc pour favoriser des intérêts particuliers que l'on compromet l'alimentation, la santé et la vie de milliers d'habitants. Cela n'est vraiment pas pardonnable; et si l'on a eu le tort jusqu'ici d'accorder trop facilement les autorisations; si l'on ne sait pas avoir la volonté et la résolution de supprimer les plus incommodants des établissements qui ont été autorisés, il faut demander du moins que l'on ait la fermeté de ne pas accroître le mal.

Ceux qui ont la charge du gouvernement, avant les libertés politiques, avant les franchises communales, avant la protection des biens, avant la justice, doivent aux citoyens la protection de la vie. Empêcher les populations d'être empoisonnées par les émanations ou par les résidus des usines, c'est le premier devoir de la police des villes.

Je borne là, Monsieur le Maire, les observations de ce trop long Rapport. Et je conclus qu'il y a plus que jamais lieu, en présence surtout de l'inexplicable inaction de la Compagnie générale des Eaux, de protester avec énergie, dans l'intérêt de la santé des habitants de la ville de Clichy, contre l'établissement de la dangereuse industrie projetée par la *Compagnie d'exploitation des minerais de Rio-Tinto* sur le bord de la Seine à Saint-Denis, à l'amont de la prise d'eau qui alimente la moitié de notre ville.

Clichy, le 3 Septembre 1883.

B. SINCHOLLE
Ingénieur des Arts et Manufactures.

Paris. — Sec. d'imp. PAUL DUPONT, 41, rue J.-J.-Rousseau. (Cl.) 251.9.83.

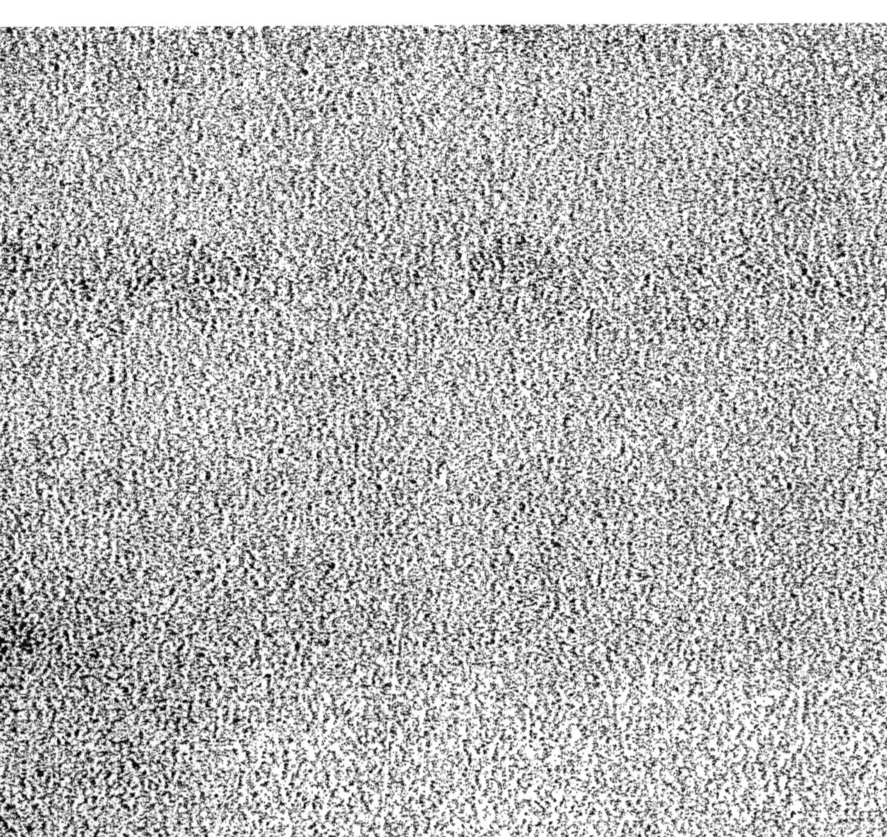

www.ingramcontent.com/pod-product-compliance
Lightning Source LLC
Chambersburg PA
CBHW060045090726
47597CB00012B/2671